SECRETS

POUR UN ENSEIGNEMENT

EFFICACE

ENSEIGNEMENT & FORMATION

Louis FOURNIER

SECRETS
POUR UN ENSEIGNEMENT
EFFICACE

~

Quels outils choisir ?

http://petit-prof.com

SOMMAIRE

« Former les hommes, ce n'est pas remplir
un vase, c'est allumer un feu. »

Aristophane

ENTREE EN MATIERE

"La hâte est la mère de l'échec"
(Hérodote)

Il nous faut tout d'abord définir quelques éléments du vocabulaire que nous allons devoir utiliser souvent et tout au long de notre écrit.

Les termes pédagogie, mouvement pédagogique, démarche pédagogique, doctrine pédagogique, pratique pédagogique, méthode pédagogique sont autant de termes dont la signification varie aussi bien avec le temps qu'avec la personne qui les emploie.

Pour éclairer notre propos et pouvoir être bien compris nous allons donc donner une signification précise aux notions principales que nous utiliserons par la suite.

<u>Pédagogie</u> : c'est la science du savoir ou art d'en-seigner

<u>Méthodologie pédagogique</u>: c'est une mise en place organisée et structurée de procédures permettant de réaliser la pédagogie

<u>Outil pédagogique</u>: c'est un élément psychologique ou technique au service de la méthodologie que nous avons choisie

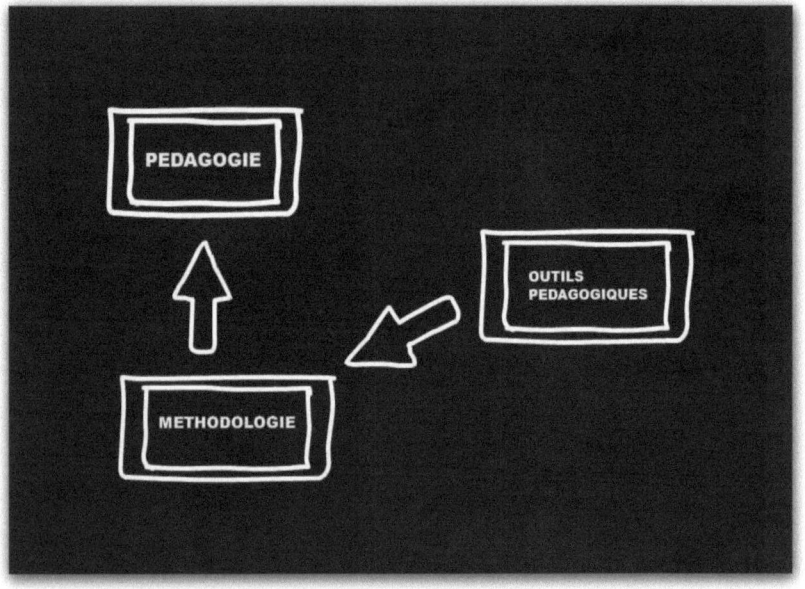

●Je vais vous raconter comment j'ai rencontré l'inspecteur pédagogique qui est à la base des ''secrets'' révélés ici.

A mes débuts d'enseignant de sciences physiques, il est venu m'inspecter dans une classe de 2nde. Je m'en souviens comme si c'était hier. L'importance de l'évènement pour un enseignant qui débutait, comme la personnalité même du personnage, sont les causes d'un souvenir aussi vivace.

Grand, mince, portant lunettes, affable mais gesticulant un peu à la manière de l'inspecteur Gadget, il se présenta à moi sous un nom d'origine slave incompréhensible de longueur et de complication…

Je ne réussis à en saisir que les première et dernière syllabes. Cela n'ayant au fond pas grande importance, je me contentai donc tout au long de l'entretien qui suivit de l'appeler avec respect « Monsieur l'inspecteur ».

Après son départ je ne retrouvai évidemment pas son nom, mais je lui fus reconnaissant des conseils éclairés qu'il m'avait prodigués ainsi que des réponses à mes questions.

Me souvenant seulement du début « Peu » et de la fin « of » de son patronyme, je décidai en mon for intérieur de l'appeler dorénavant Petit-prof !

Je le revis à plusieurs reprises. Ce fut d'abord trois ans après la précédente entrevue lorsqu'il passa me dire « un petit bonjour », tels furent ses termes. Je le croisai encore deux fois une douzaine d'années plus tard lorsque je devins chef d'établissement et qu'il vint, avant de prendre sa retraite, inspecter l'un de mes enseignants.

Nous pûmes alors longuement échanger à cette occasion au cours d'un repas amical qui suivit sa visite d'inspection.

De nos conversations, je retiens deux réflexions à la base du présent ouvrage :

-la première est un proverbe chinois bien connu :
« Ce que j'entends je l'oublie, ce que j'écris je m'en souviens, ce que je fais moi-même je le sais »
-la seconde réflexion était probablement plus personnelle :
« Ce que vous vous évertuez à apprendre à vos élèves, ils n'en retiennent qu'une infime partie. Mais faites, dites ou écrivez au tableau une seule erreur que vous aimeriez bien qu'ils oublient et ils ne retiendront qu'elle..."

Ma propre expérience professionnelle tout au long de la période qui a suivi cette dernière conversation m'ayant montré qu'il avait raison, j'ai décidé de faire miens ces deux préceptes.

Je dédie avec toute ma reconnaissance le présent opuscule à l'inspecteur Petit-Prof.

I - UNE PEDAGOGIE
PERSONNALISEE

1-1 Pour quelle raison ?

Le présent fascicule s'adresse aux enseignants à la recherche d'outils pour améliorer leur message pédagogique. Il concerne en particulier ceux qui sont en relation avec ou sont en charge de :

-classes entières d'une trentaine d'élèves ou d'étudiants
-petits groupes préparant leur avenir professionnel
-apprenants dans le cadre de révisions en vue de passer un examen ou un concours
-groupes d'adultes suivant une formation
-élèves et étudiants isolés dans le cadre de cours particuliers

Depuis les années 1990, en collège comme au lycée, les différences de connaissances, de niveaux, de résultats... on les qualifiera comme l'on voudra, ces différences se sont élargies jusqu'à creuser parfois un fossé entre les membres d'une même classe ou d'un même niveau d'études.

Ainsi, demandez à un enseignant de français ou à un professeur des écoles prêts à partir à la retraite et ayant une expérience d'une trentaine d'années, ce qu'ils pensent à ce sujet. Ils ne seront probablement pas tendres avec "le système".

Ah ! il a bon dos, le système. Mais il comprend qui et quoi le dit-système ?

Il comprend les élèves, bien sûr, mais aussi les parents, les programmes, l'administration, et... les enseignants eux-mêmes.

Il est tributaire aussi, le système, de la société qui nous entoure et qui souvent agit à l'encontre de nos valeurs traditionnelles éducatives.

Un exemple : à la télévision les erreurs orales de grammaire des journalistes ou des politiques ainsi que les fautes d'orthographe dans les commentaires écrits ou les sous-titres sont très fréquentes.

Comment vos élèves pourraient-ils assimiler les règles sur l'accord du participe passé ?

Ce que vous vous êtes évertués à leur apprendre pendant des semaines peut être démoli en un clin d'oeil par la potentialité destructrice d'un écran de télévision.

Si la plupart des acteurs reconnaissent un appauvrissement général du système éducatif ainsi qu'une augmentation du caractère hétérogène des classes, ils en rejettent les responsabilités sur... les autres acteurs ou sur les composants du fameux système.

Notre but dans cet ouvrage sera de chercher :

-comment diminuer les différences entre élèves
-comment optimiser les capacités cognitives de chacun d'eux

Nous espérons ainsi vous aider à :

-permettre aux plus faibles d'atteindre un ni-veau acceptable
-tout en aidant les bons élèves à ne pas perdre leur temps et à atteindre les résultats auxquels ils aspirent

Agissons de façon pragmatique. Nous, éducateurs, avons peu d'influence sur certaines composantes comme les parents, les programmes ou la société.

Ne perdons donc pas trop de notre temps à les critiquer et concentrons-nous plutôt sur notre rôle qui est de préparer au mieux les élèves, étudiants ou adultes, c'est à dire tous ceux qui nous sont confiés, à assimiler des savoirs et des savoir-faire.

Pour y parvenir dans le contexte du milieu éducatif actuel excessivement hétérogène, il nous parait logique de devoir individualiser toute méthode pédagogique. Nous n'inventons rien : le terme de « pédagogie différenciée » est utilisé depuis plus de trente ans dans l'éducation nationale.

La méthodologie, processus permettant de mettre en œuvre le message pédagogique, est du ressort de chaque enseignant.

Sa mise en place nécessite une mise au point à la fois théorique et pratique qui devrait être apportée par la formation initiale professionnelle de l'enseignant.

C'est malheureusement rarement le cas. Notre but sera donc d'essayer de contribuer modestement à pallier cette absence.

Nous allons montrer dans cet ouvrage qu'il n'y a pas de méthode unique ou passe-partout à laquelle nous pourrions faire appel au moment opportun, mais que c'est au contraire à chaque enseignant de mettre au point sa propre méthodologie didactique.

Celle-ci va dépendre :
   -du programme à enseigner
   -des apprenants, de leur niveau et de leur profil
   -de la personnalité et des connaissances de l'enseignant

Devant donc se plier aux circonstances, cette méthodologie ne sera pas rigide mais adaptative.

1-2 **Pour quoi faire** ?

Dans l'apprentissage le problème principal qui se pose de nos jours est double :

-tout d'abord la somme des informations que nous devons retenir croît de façon exponentielle. En outre aux informations du passé il nous faut sans cesse additionner les nouvelles. Faire le tri des connaissances impose un effort de synthèse et réclame de la réflexion et du temps. Or dans notre monde le temps manque en permanence.

-d'autre part l'apprenant ne possède pas de méthode de travail et, quand il en possède une, celle-ci n'est pas assez structurée et suffisamment rigoureuse pour assimiler ne serait-ce qu'une partie des informations que nous lui apportons. Dans un tel cas, n'est-ce pas à nous de la lui proposer, cette méthode ?

Voilà donc soulevé, dès le début de notre propos, le problème d'une méthodologie pour apprendre.

Que nous soyons éducateurs, enseignants ou formateurs, nous devons "apprendre à apprendre" !

La problématique est en réalité complexe, il faut bien distinguer :

-l'apprendre pour apprendre aux autres. C'est ce que fait le maître quand il cherche et construit sa méthode pédagogique

-l'apprendre pour apprendre soi-même. C'est la méthode de travail que le même maître conseille à l'apprenant.

Si vous nous avez bien suivi, vous avez compris que les deux se rejoignent et sont forcément complémentaires.

Mettre au point seul une méthode de travail pour apprendre sera bien difficile pour un lycéen, un étudiant ou un adulte travaillant en solitaire. C'est à nous de l'y aider.

Elle sera constituée d'une somme de conseils dépendant de la discipline étudiée et de la personnalité de l'élève.

Dans une conception moderne de la transmission du savoir, le nombre de choses à assimiler étant exponentiel, apprendre à l'élève sera aussi lui apprendre à apprendre en lui proposant les éléments d'une méthodologie adaptée à lui-même, donc personnalisée ou individualisée.

En procédant ainsi nous lui permettrons de devenir autonome et d'accéder en conséquence au monde privilégié du savoir.

➢ EN PRATIQUE

Il n'existe malheureusement pas une méthodologie unique qui serait la panacée pour tous. Là est toute la difficulté, la grande difficulté car nous-mêmes, comme nos élèves aussi, apprenons tous de façon différente.

Certains, pour retenir, font circuler des images dans leur tête, d'autres des sons dans leurs oreilles, d'autres enfin se remémorent plus facilement une scène du passé par l'atmosphère qui régnait ou par l'odeur qui se dégageait à cette occasion.

Même s'il existe des caractéristiques communes dans le fait cognitif, il va nous falloir tenir compte des différences entre apprenants.

Toute la difficulté de l'entreprise est là. Surtout si vous avez affaire à un groupe important !

La mise en place d'une méthode nouvelle réclame réflexion, acquisition de connaissances, quelques essais infructueux et pas mal de temps.

Pour un enseignant expérimenté les modifications et le changement seront tout aussi délicats. Il est bien connu qu'il est plus facile d'acquérir des habitudes tout à fait nouvelles que de devoir modifier des anciennes (cela à cause de la persistance des liaisons neuroniques une fois établies).

La mise en place de la méthode nouvelle se fait à partir de sa propre expérience en trois temps :

   -le temps de l'analyse
   -celui de la conceptualisation
   -enfin celui de l'application

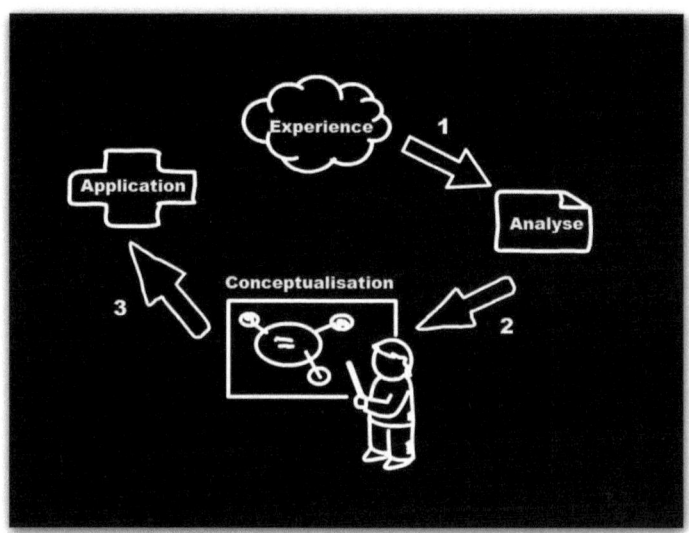

➤ **RESSOURCES ET LIENS**

Deux pédagogues contemporains parmi les plus reconnus dans notre pays sont Philippe Mérieu et Antoine de la Garanderie.

La lecture de quelques-uns de leurs ouvrages a accompagné notre parcours. Leurs théories ont le mérite de constituer une plateforme de réflexion et en conséquence d'aider le jeune enseignant dans sa recherche. Un récapitulatif du principal de leur œuvre est dressé à la fin de l'ouvrage.

Rappelons ici que des mouvements pédagogiques ont ausssi fait leurs preuves dans l'enseignement primaire. A juste titre les plus connus sont les mouvements Freinet et Montessori.

Il existe un certain nombre d'ouvrages théoriques sur l'organisation et la structuration du savoir comme le rappelle Marguerite Altet dans ''Les pédagogies de l'apprentissage" PUF.

On pourra à ce sujet se référer au site web qui suit et qui fait un petit tour de la question :

http://seser.free.fr/ALTET%20pedagogies%20de%20l%20apprentissage.htm

Un fichier Powerpoint dû à l'I.E.N. Mandirac nous rappelle les théories de la transmission du savoir depuis la pensée grecque :

http://www.ac-nice.fr/iennice3/PEDA/metho/Power point Anim_M%E9thodo de l'apprent 11 08 05.ppt

Les ouvrages récents relatant la mise en place pragmatique d'une méthodologie cognitive expliquant comment approcher sur le terrain organisation et structuration de la pensée des apprenants sont peu nombreux dans l'hexagone.

Comme si les auteurs potentiels semblaient trouver que l'acte d'enseigner est devenu si difficile de nos jours que le combat est perdu d'avance !

Certains auteurs se limitent à préconiser l'emploi du lecteur DVD et de l'internet pour rendre un cours plus vivant ; cela est loin d'être suffisant.

Quant aux publicités provenant de certains organismes privés qui s'autoproclament spécialistes de la méthodologie cognitive, méfiez-vous en comme de la peste. L'appât du gain est parfois la seule connaissance en la matière.

Nous avons déjà tenté modestement une approche générale du sujet dans un ouvrage précédent de la même collection :

Le Coaching scolaire à domicile ou par internet – Mode d'emploi, Louis Fournier (BOD et Amazon)

Un autre livre consacré à la recherche et à la mise en place d'une méthodologie pratique de l'apprentissage, -on est dans l'apprendre pour apprendre soi-même- fait remarquablement le tour de la question en quelques pages. Nous vous conseillons donc fortement sa lecture :

Apprendre à apprendre, André Giordan et Jérôme Saltet, Librio (2009) vendu sur Amazon. Vous pourrez le conseiller ensuite à vos élèves, à vos étudiants ou à vos stagiaires en formation pour leur plus grand profit.

Voir aussi les sites suivants :

http://www.fedweb.belgium.be/fr/formation_et_develop pement/methodes_d_apprentissage/
http://www.apprendreaapprendre.com/reussite_scolair e/index.php

➤ **RECREATION**

L'institution scolaire est partie intégrante de la société. A l'évidence l'une participe à l'évolution de l'autre et vice-versa.

Les humoristes en tirent parfois un grand profit. Si vous consultez les deux liens qui suivent, avouez que la caricature grossière destinée à faire rire interpelle les éducateurs que nous sommes tant la vérité est proche.

http://www.dailymotion.com/video/xb29uf_isabeau-de-r-lecole_fun
http://www.youtube.com/watch?v=5OhvWT9UK64

II - LES DOUZE OUTILS EFFICACES DE PETIT-PROF

2-1 Le Mimétisme

Le mimétisme peut être défini comme est une stratégie adaptative d'imitation (Wikipedia), c'est aussi la reproduction machinale des gestes et des attitudes (Larousse)

Le **mimétisme comportemental** mis en lumière par **René Girard** est fondamental dans la formation de l'individu (l'enfant imite ses parents, l'adolescent imite son idole).

Une sorte de modélisation. *En quelque sorte un pseudo "transfert d'identité" avec le danger que cela peut comporter...*

"Les parents s'étonnent d'avoir produit des monstres ; ils voient dans leurs enfants l'antithèse de ce qu'ils sont eux-mêmes. Ils ne perçoivent pas le lien entre l'arbre et le fruit."

dans : « Mensonge romantique et vérité romanesque » (1961) R. Girard, Ed. Hachette, coll. Pluriel

Le mimétisme est tout aussi fondamental dans l'apprentissage.

Ainsi l'acquisition du savoir et du savoir-faire se fait par le comportement d'imitation dans :

    -l'acquisition du langage
    -l'acquisition du geste sportif (tennis) ou artistique (danse)
    -l'acquisition de mécanismes mentaux (analyse, déduction, résolution de problèmes)

Pour René Girard la **théorie du triangle** est fondamentale. Notre désir est toujours suscité par le désir qu'un autre – le modèle – a du même objet.

Autrement dit, pour atteindre l'objet (du désir) on passe par un médiateur (personne) qui vous donne l'envie de faire pareil (désirer) : "Tout désir est désir d'être" (*Quand ces choses commenceront* 1994, entretiens avec Michel Treguer).

A partir de là, pour ce qui nous concerne, on comprendra que l'enseignant, comme le coach ou le formateur, doivent être des maîtres qui donnent envie aux disciples de faire de même.

D'où à l'évidence l'importance du caractère de sympathie ou (et) de confiance s'installant entre le maître et le disciple.

Cet élément permettra à celui-ci de parvenir à se substituer au premier (c'est le pouvoir d'empathie) pour obtenir la réalisation de l'objet désiré (savoir ou savoir-faire).

La première qualité du médiateur sera donc d'être capable de donner envie au disciple !

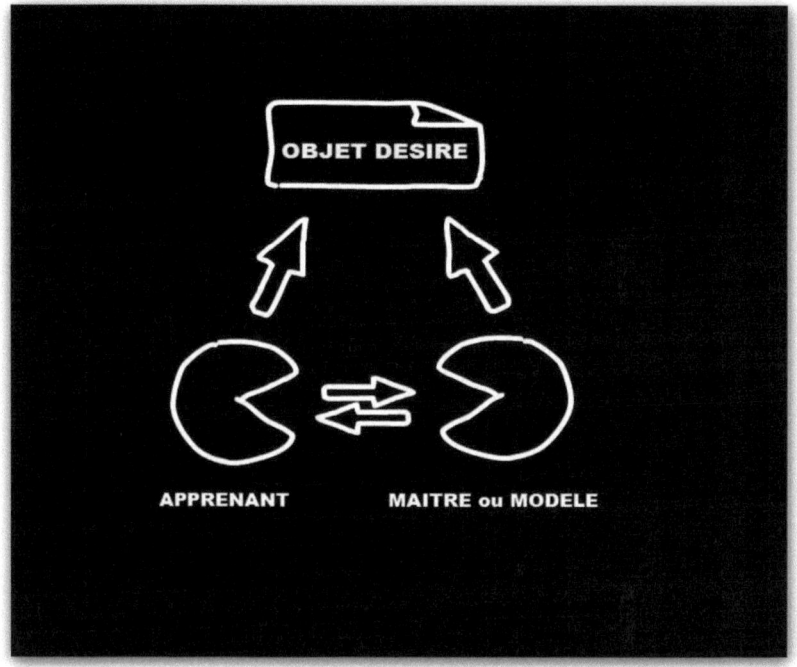

Triangle du mimétisme comportemental

Un exemple de la puissance pédagogique du mimétisme est donné par l'apprentissage du tennis :

-l'élève admire le champion *(phase d'admiration)*
-puis il imite ses gestes *(phase d'imitation)*
-les progrès sont rapides *(phase de progression)*
-il devient à son tour champion *(ph. de résultat)*

Cela reste vrai aussi dans des domaines très divers comme la politique, la danse, la musique, la peinture et, pour ce qui nous concerne, les disciplines scolaires : français, anglais, maths et toutes les autres !

Parfois, dans le domaine de l'éducation, le désir du médiateur est plus grand que celui du disciple.

C'est le cas où l'enseignant, malgré tous ses efforts, n'est pas accepté ou n'est pas suivi par son élève.

Ce dernier, n'ayant pas assez de désir, négligera le mimétisme comportemental. Le désir du médiateur est alors bien supérieur à celui du disciple.

Dans d'autres cas, au contraire, le disciple qui veut faire plaisir au médiateur va jusqu'à lui faire croire qu'il désire l'objet alors que ce dernier a été choisi en réalité par le médiateur lui-même !

C'est le cas de la jeune fille qui prend des cours de danse pour faire plaisir à sa mère car celle-ci se voit devenir danseuse à travers sa fille. C'est aussi celui du père qui devient champion par transfert à la place de son fils.

Mais nous touchons là à un problème d'un autre ordre qui tient plus de la psychanalyse que de notre propos !

➢ **EN PRATIQUE**

Le médiateur enseignant va montrer à l'élève comment faire en prenant des exemples modèles.

Il lui donnera ensuite des exemples assez semblables puis voisins et enfin plus éloignés qui devront être résolus par l'élève.

L'outil mimétisme est utilisable et recommandé dans toutes les disciplines.

Il est fondamental par exemple en français (grammaire ou orthographe), dans l'apprentissage des langues étrangères (l'accent anglais nécessite écoutes et répétitions) ainsi que dans les matières scientifiques ou dans l'apprentissage du geste sportif.

En mathématiques le mimétisme comportemental sera même l'outil pédagogique principal toujours utilisé avec une grande rigueur.

Prenons un exemple : dans une somme algébrique, la suppression des parenthèses précédées du signe "moins" réclame de nombreux exemples traités par l'enseignant lui-même.

Les premiers seront simples et courts puis plus longs et de plus en plus ardus. L'enseignant exigera ensuite de l'élève qu'il reproduise exactement sa propre façon de procéder et de raisonner.

Ainsi dans la leçon on partira par exemple de :
$S=(a+2b)-(5a+2b)+3a$

pour parvenir à :
$S=[(-4a+b)-(3a-2b)+(a-5b)]-[(3a-b)-(-7a-2b)]+[(5a+b)-(-2a+b)]+[-(-b-7a)+(-4a+b)]$

Dans la pratique du mimétisme, le maître montre, l'élève agit et raisonne par exemplarité.

La valeur de l'exemple est bien ici le fondement-même de l'apprentissage.

2-2 <u>L'attitude dans la communication</u>

L'importance des facteurs psy est indéniable dans le domaine de la communication et à coup sûr l'enseignement, transmission du savoir du maître à l'élève, obéit aux règles de la communication. Il nous faut en conséquence en tenir compte.

L'enseignant n'a pas à être un psychologue professionnel ; cependant des connaissances et des compétences en psychologie l'aideront dans sa tâche.

Il existe des psychologues professionnels incapables de comprendre leurs patients et donc d'entrer en relation avec eux, j'en ai rencontré un certain nombre. L'habit ne fait pas le moine !

Il existe au contraire des maîtres qui par l'écoute et l'observation, en montrant ainsi l'intérêt qu'ils leur portent, savent gagner la confiance de leurs élèves. Les efforts et les résultats suivent alors !

Comment y parvenir ?

A mon avis, trois conditions sont nécessaires en dehors de savoir écouter et observer :

-posséder un minimum de connaissances en psychologie pratique déjà acquises, ou à acquérir en autoformation par la lecture
-procéder à une mise en application pratique et organisée sous forme d'outil adapté à l'enseignement et à son public (âge, niveau, milieu)

-et bien sûr, croire à l'intérêt et aux résultats de l'outil utilisé *(c'est d'ailleurs une règle générale en psychologie pratique : si vous n'y croyez pas, ce n'est pas la peine d'essayer !)*

Les principaux outils de psychologie pratique que nous allons rencontrer de façon simplifiée dans ce chapitre sont :

-le profil principal de communication
-le mode sensoriel
-la préférence cérébrale

Examinons pour commencer le profil principal de communication selon C. G. Jung.

N'ayez pas peur, il ne s'agit pas de nous attaquer à la théorie à la fois complète et complexe des « Types psychologiques » parue en 1920 dont vous avez entendu parler et qui fait toujours référence.

Ses travaux repris par deux américaines ont donné lieu à l'indicateur typologique de Myers-Briggs ou MBTI.

L'indicateur permet de distinguer 16 types de personnalité dans lesquels chacun d'entre nous trouve sa place.

Le MBTI est utilisé en particulier :

-dans la constitution de groupes ou d'équipes de travail comme de marketing ; certains types psy-chologiques sont complémentaires permettant de renforcer l'efficacité,
-en orientation professionnelle si l'on considère que certaines professions correspondent mieux à des types qu'à d'autres.

Il n'est pas question de développer ici la théorie de Jung ni même d'étudier la mise en pratique du MBTI à travers tous les types de personnalité. Cela n'est l'affaire que des seuls spécialistes.

Une seule des notions mises en évidence par Jung va réellement nous intéresser.

C'est à la fois la plus simple mais à notre sens la plus importante en éducation : Jung l'appelle **attitude**.

D'après lui l'attitude de tout individu peut être tournée :

-soit vers le monde extérieur, l'extraversion
-soit vers son monde intérieur, l'introversion

Comme vous le voyez la notion est simple mais elle est d'une bien plus grande portée que l'on pourrait l'imaginer.

Les introvertis et les extravertis fonctionnent de façon opposée :

   -les introvertis puisent leur énergie en dedans d'eux-mêmes, dans le monde des pensées et des réflexions, ils s'expriment peu,
   -les extravertis au contraire ont une orientation vers le dehors, ils y puisent leur énergie, leur expression est à la fois verbale et gestuelle.

Mais pourquoi est-il si important de connaître l'attitude d'un élève ?

Tout simplement pour se faire comprendre de lui en entrant dans son univers communicant.

Ainsi il vous acceptera et enregistrera ce que vous voulez qu'il apprenne !

Dit autrement, pour qu'il vous aide à accomplir au mieux votre propre tâche d'enseignant, de formateur ou d'éducateur.

Une remarque à propos de l'entrée dans l'univers communicant du sujet : on rejoint ici la fameuse technique dans laquelle un interlocuteur se branche sur le canal de communication de l'autre pour être en phase avec lui.

Dans la relation pédagogique que j'ai avec un élève, il en va ainsi car la connaissance de son canal attitude va me permettre de me mettre en phase avec lui pour faire passer mon message.

• quelques traits caractéristiques

Les sujets intro et extra ont des comportements différents et typiques de leur catégorie.

Nous emprunterons à P. Cauvin et G. Cailloux « Les types de personnalité » parus chez ESF et basés sur le MBTI les passages qui suivent :

... L'extraverti tend à agir d'abord et à réfléchir ensuite ; l'introverti réfléchit longtemps avant de passer à l'action. Pour le premier, la séquence d'apprentissage est : action – réflexion – action ; pour le second elle est : réflexion – action – réflexion.

L'extraverti pense souvent à haute voix ; il a besoin de parler pour former sa pensée ; son discours est donc changeant et ne craint pas les contradictions successives puisqu'il exprime le mouvement de sa réflexion.

L'introverti lui ne parle qu'après mûre délibération ; il n'énonce à voix haute que ce qu'il a bien réfléchi ; il n'exprime donc que ce qui lui parait ferme et définitif.

Lorsqu'ils s'écoutent l'un l'autre, des difficultés risquent donc fort d'émerger.

L'introverti croit que ce qui est exprimé est le résultat d'une longue réflexion ; il est surpris par les variations de l'extraverti et a envie de lui demander de ne parler que quand il sera au clair.

L'extraverti, lui, attend un développement de la première phrase qui ne lui parait n'être qu'un point de départ ; il est donc étonné du silence qui suit et a envie de dire : « Et ensuite ? »

De la même manière, un extraverti répondra immédiatement à la question posée alors que l'introverti prendra le temps de la réflexion, ce qui amènera l'extraverti à reposer sa question, croyant que l'introverti ne l'a pas entendue...

L'extraverti aime le contact, même et peut-être surtout quand il est imprévu et spontané alors que l'introverti au contraire préfère être prévenu de la visite.

Ainsi, quand la sonnerie du téléphone retentit l'extraverti s'exclame : « Chouette ! Qui m'appelle ? » pendant que l'introverti se plaint : « Zut ! Qui me dérange ? »...

● <u>caractéristiques générales de chaque attitude</u> :

Introverti	Extraverti
réfléchi	impulsif
intériorise	extériorise
réservé, timide	sociable
intimité	public
renfermé	expansif

timoré	toujours à l'aise
peu de relations	nombreuses relations
calme	remuant
profond	parfois superficiel
concentration	impulsif
pensée	action

- remarques générales

Les caractéristiques énoncées dans ce tableau entrainent les remarques suivantes :

-un individu n'est pas à 100% extraverti ou introverti ; son profil combine dans des propor-tions qui lui sont propres les deux attitudes

-aucune attitude n'est meilleure que l'autre

-un extraverti entre facilement en contact avec autrui

-il est beaucoup plus difficile d'entrer en contact avec un introverti

➢ **EN PRATIQUE**

En ce qui concerne l'enseignement ou la formation, après avoir détecté l'attitude principale d'un élève, ce qui reconnaissons-le est facile (voir tableau ci-dessus), **l'enseignant devra adapter sa propre attitude à celle de l'élève,** sauf à risquer le clash ou du moins l'incompréhension réciproque.

Ainsi un apprenant introverti est souvent mal à l'aise avec un professeur exubérant : ce sera alors au maître d'adapter son attitude en modérant ses envolées et en agissant avec doigté lorsqu'il s'adressera à l'élève seul…

Selon les données recueillies par le « Center for Application of Psychological Types » (CAPT), les États-Unis comptent 75 % d'extravertis et 25 % d'introvertis alors qu'en France, la répartition est plus équilibrée et se rapproche de 50/50 (source Cauvin et Cailloux)

Permettez-moi un exemple personnel. Je me souviens de mon professeur de philo, excellent enseignant et particulièrement extraverti. Bien que l'admirant pour ses connaissances, sa pédagogie, son humanité et la passion qu'il portait à son métier, je n'ai jamais pu entrer en contact véritablement avec lui. Ainsi il ne m'a pas été possible de lui poser les questions qui me tenaient à cœur sur des sujets d'une discipline qui pourtant me passionnait. J'étais en ce temps-là particulièrement introverti. Les réponses souvent enflammées qu'il apportait aux questions posées par les élèves étaient la plupart du temps accompagnées de gestes, de remarques et de mimiques enthousiastes. L'exubérance continuelle de ce pédagogue hors pair, à 100% extraverti, mettait mal à l'aise certains élèves très introvertis dont je faisais partie.

J'en ai tenu compte quand plus tard je devins moi-même enseignant.

introversion **extraversion**

La détermination de l'attitude au sens jungien du terme et son utilisation en font un outil pédagogique de base ; il est particulièrement facile à mettre en œuvre par un enseignant.

Alors attention à ne pas brusquer un introverti, lent, renfermé et qui a besoin de certitude avant de s'exprimer.

Si vous avez affaire à un extraverti, acceptez au contraire sa précipitation, son enthousiasme, ses erreurs, ses mimiques : il sera alors plus facile à manier que le premier.

➢ EN SAVOIR PLUS

http://www.towerofpower.com.au/introvert-and-extrovert-personality-test
http://www.16-types.fr/index.html
http://www.16-types.fr/modele/modele-MBTI-1-extraversion-introversion.html
http://www.qiqcm.com/extraverti/extraverti.php
http://www.opp.eu.com/FR/Pages/home.aspx

*http://fr.wikipedia.org/wiki/Myers_Briggs_Type_In*dicat
or
http://fr.wikipedia.org/wiki/Introversion_et_extraversion
http://yn77.free.fr/test.php

«Les types de personnalité» Cauvin et Caillou /ESF
Editeur

2-3 Le mode sensoriel, base de la PNL

Le troisième outil pédagogique que nous allons étudier est le **mode sensoriel**. Il se décline selon cinq directions.

Celles-ci, l'écoute, la vue, le toucher, le goût et l'odorat sont évidemment complémentaires.

Les deux premières seront appelées canaux sensoriels principaux, les autres directions seront qualifiées de secondaires car moins fréquemment utilisées

Les cinq sens sont inégalement répartis en chacun d'entre nous.

Ainsi, si quelques uns sont surtout visuels, d'autres privilégient l'écoute c'est à dire leur canal auditif.

Les différents canaux peuvent se détériorer, voire nous manquer à la naissance, suite à un environnement défectueux ou à une maladie.

Les cinq sens sont affectés par l'âge, en particulier, mais non seulement, la vue (cataracte) et l'ouïe.

La théorie des canaux sensoriels est utilisée dans l'acquisition de connaissances ou de savoir-faire.

Selon la discipline enseignée ou l'activité pra-tiquée un canal sensoriel "secondaire" peut devenir primordial : c'est le cas de l'odorat en parfumerie, du toucher pour un sculpteur ou un menuisier, du goût chez un cuisinier.

Certains sens peuvent être d'ailleurs être déve-loppés volontairement, voire affinés comme l'odo-rat chez le "nez" créateur de parfum.

De même un malvoyant acquiert par compensation à sa vue déficiente un canal auditif ainsi qu'un toucher extrêmement développés.

Les 5 canaux de communication sont répertoriés dans le tableau VAKOG suivant.

On a coutume de simplifier les choses en regroupant les trois canaux sensoriels appelés ci-dessus secondaires en un seul, que l'on nomme canal kinesthésique.

Le VAKOG devient le VAK.

Avec cette façon de voir les trois canaux sont :

-le canal visuel
-le canal auditif
-le canal kinesthésique

Canaux de communication utilisant les 5 sens en P.N.L.

*http://memoire.comprendrechoisir.com/comprendre/memoir
e-pnl-programmation-neuro-linguistique*

Chacun d'entre nous privilégie l'un ou l'autre canal et l'utilise donc préférentiellement dans les diverses modalités d'apprentissage et de mémorisation.

Cela est vrai pour un enseignant tout comme pour chacun de ses élèves.

De façon générale, dans une même classe les trois catégories coexistent.

Ainsi dans un groupe d'individus l'on rencontre environ 65% de visuels, 30% d'auditifs et seulement 5% de kinesthésiques.

Pour faire son cours, l'enseignant devra évidemment s'adresser en même temps aux trois catégories sans en négliger une.

Pour cela, dans son vocabulaire il utilisera des termes atteignant efficacement tous ses élèves.

Ainsi en écrivant au tableau il satisfait les visuels.

Pour satisfaire aussi les auditifs il devra parler en même temps qu'il écrit.

Enfin pour atteindre également les kinesthésiques, il lui faudra utiliser un vocabulaire qui les "touche" basé sur le sentiment et le ressenti...

Bref, le maître doit apprendre comment impacter tous ses élèves en même temps.

Chaque apprenant apprécie et retient les mots se rapportant à sa préférence sensorielle.

Un visuel retiendra grâce à quelques expressions imagées comme : "je vois bien que..." ou "j'imagine la scène...".

Un auditif appréciera plutôt les expressions : "j'entends bien" "c'est parlant" "c'est criant de vérité"

Enfin le kinesthésique dira et se souviendra de : "je ressens" "cela me touche" "j'en tremble"

Pour avoir une pédagogie efficace l'enseignant devra donc soigner particulièrement son langage.

L'élève comprendra et retiendra d'autant mieux que l'on aura sollicité son canal sensoriel principal.

La théorie des canaux sensoriels, base de la PNL, explique pourquoi le langage autoritaire utilisé parfois dans le domaine éducatif par certains parents vis-à-vis de leur progéniture pour la faire obéir ne donne pas les résultats escomptés.

De même l'enseignant ne pourra pas forcer un enfant à comprendre une leçon difficile : il sera bien plus efficace de se brancher sur le canal principal de l'élève quitte à y passer un certain temps. La Fontaine l'avait prévu dans Le Lion et le Rat :

« Patience et longueur de temps
Font plus que force ni que rage ! »

Ce précepte est d'une grande utilité en pédagogie !

➢ **EN PRATIQUE**

La détermination du canal sensoriel préféré de l'apprenant permet à l'enseignant dans le processus d'apprentissage de faciliter à la fois compréhension et mémorisation.

Comment s'y prendre et pour quoi faire ? Pour connaitre le sens privilégié d'un individu, on peut utiliser quelques tests ou exercices.

Nous en citerons deux ci-après mais les exemples font foison. Vous en trouverez d'autres sur le web, en particulier sur le site de la revue Psychologie : http://psychologies.com à la rubrique Tests.

-1° - indiquer le canal sensoriel dans les lignes :

On notera : V pour Visuel/A pour Auditif/K pour Kinesthésique /O pour Olfactif-Gustatif/N pour Non spécifique

PHRASE	CANAL SENSORIEL
une perspective nouvelle	V
une pilule amère	O
une situation harmonieuse	A
un caractère doux	K
une décision lourde de conséquences	K
un contrat solide	K
un savoir nouveau	N
une vision lumineuse	V
un type puant	O
un mot qui résonne	A
une pensée différente	N
une situation molle	K

2°- plusieurs canaux peuvent coexister

PROPOSITION	CANAL SENSORIEL
quand je vois ce qui se passe je trouve ça dur	V – K
son sourire me parle	V – A
je me sens à l'aise dans des habits clairs	K – V
ce que tu dis fait écho en moi	A – A
son regard me touche	V – K
si tu avais vu ce que je lui ai dit	V – A
tu comprendrais mieux ce que je sens	K
j'ai trouvé la décoration puante	V – O
je sens bien ce que tu dis	K – A
quand je le vois je tremble	V - K

● Pourquoi connaître le canal principal ?

La connaissance du canal sensoriel privilégié permet de se faire comprendre plus facilement de son interlocuteur et d'asseoir ainsi sa pédagogie de façon efficace.

L'enseignant s'efforcera donc d'<u>entrer en communication avec le canal privilégié de l'écoutant</u>

Cela suppose évidemment :

   -qu'il connaisse son propre canal préférentiel *(là encore "connais-toi toi-même...")*
   -qu'il détecte celui de chaque interlocuteur
   -qu'il apprenne à utiliser les expressions pertinentes lui permettant d'y accéder et à partir de là de retenir son attention !

● Comment fait-on ?

La chose n'est pas facile mais il existe certains moyens ou tests permettant de déterminer son propre canal privilégié ainsi que celui de son interlocuteur.

Un test assez complet est consultable ici : *http://louisfournier.com/visuelauditif/index.html*

Nous allons nous inspirer ici de la pratique de la programmation neuro-linguistique mise au point par Bender.

La technique de la PNL trouve son application dans de très nombreux domaines : communication, commerce, conseil, éducation et orientation.

Voyons quelques indications pratiques simples, par conséquent utilisables, à l'usage des enseignants.

Bien entendu il n'est pas question dans ce chapitre de parler de la formation-même à la technique PNL ! Nous le répétons c'est le domaine réservé de spécialistes ayant obtenu une certification profes-sionnelle.

Vous n'y connaissez rien ? Sachez qu'avec une formation courte ou même grâce à une auto-formation vous pourrez cependant assez facilement apprendre à découvrir le canal sensoriel privilégié de vos élèves et stagiaires.

Il vous restera alors à vous brancher par le langage et par l'environnement (audio ou visuel) sur ce canal.

Lorsque, après quelques essais erratiques, vous y serez parvenu, il ne fait aucun doute que votre enseignement en tirera le plus grand profit.

Et cela pour le plus grand bénéfice de vos élèves.

Nous avons rencontré plus haut deux exemples d'exercices basés sur le langage oral ou écrit permettant de découvrir le canal sensoriel d'un individu.

Il existe un autre langage révélateur, celui des mouvements des yeux ou du regard.

Il est plus difficile à saisir mais avec un peu d'entrainement, vous y parviendrez.

Les conclusions que vous en tirerez alors vous permettront de mieux comprendre le mode de fonctionnement de votre interlocuteur.

- <u>tableau-test basé sur le regard</u>

Lorsqu'une personne pense, réfléchit, le mouvement de ses yeux traduit les opérations mentales qui sont à l'œuvre, de la façon suivante:

**Yeux en haut,
à gauche**
"invente", construit
une image

**Yeux en haut,
à droite**
voit quelque chose
déjà vu

**Yeux au milieu
dans le vague**
image construite
ou déjà vue

**Yeux au milieu,
à gauche**
"invente" une voix,
un son

**Yeux au milieu,
à droite**
entend des sons
déjà entendus

**Yeux vers le bas,
à droite**
se parle
à soi-même

**Yeux vers le bas,
à gauche**
éprouve des
sensations,
des émotions

Ces visages sont vus
par l'observateur

La communication efficace par la PNL,
René de Lassus, Marabout (MS 10).

- <u>autres tests de perception sensorielle</u>

Voir "Les dix piliers de la caractérologie" JP Juès, Marabout p.141 test que l'on retrouve ici :
http://italoprimus.com/article.php3?id_article=52

quelques autres pistes sur le web :
http://www.elmokhtari.com/portal/content/view/33/2/
http://www.hypno-solutions.net/test.htm
http://www.imnlp-p.org/forum/viewtopic.php?f=3&t=2

2-4 <u>L'organisation cérébrale</u>

Nous allons examiner à présent un outil pédagogique facile à utiliser et remarquablement efficace quand vous l'aurez assimilé.

Il présente en outre l'avantage d'être également un outil d'orientation scolaire et professionnelle très précieux.

L'outil est la **préférence cérébrale** individuelle.

<u>Rappel</u> :

Les scientifiques considèrent que le cerveau humain s'est transformé au cours des temps. Le cerveau actuel est formé de trois couches : au cerveau reptilien primitif se sont ajoutés le cerveau limbique puis le cerveau cortical.

Pour aller vite, le reptilien est le siège de l'instinct, de la conservation de l'espèce, le limbique celui de la communication et des sentiments, le cortical enfin est celui du raisonnement, de la logique donc de l'intelligence.

● **Travaux de Ned Hermann et conséquences**

Ils mettent l'accent sur le cerveau humain évolué faisant intervenir les composantes limbique et corticale.

Selon cette théorie et en considérant les hémisphères droit et gauche, notre cerveau comprend quatre parties que chacun d'entre nous utilise de façon statistique privilégiée.

Les apports très récents de la technologie médicale montrent qu'en réalité les quatre parties cérébrales ne sont pas localisées de façon aussi géométrique que l'indiquent les termes gauche et droit : cela n'enlève rien à la valeur de ce remarquable outil.

L'on pourrait d'ailleurs remplacer les termes Gauche et Droit par d'autres qualificatifs ou par des lettres A et B par exemple.

Ce qui est sûr c'est que l'on peut classer les individus selon leurs comportements, leurs goûts ou leurs compétences dans des situations données.

Le résultat est particulièrement intéressant dans le milieu de la formation.

En tenant compte de la remarque qui précède, nous ferons donc nôtre la théorie des « quatre cerveaux ». Au risque de déplaire aux puristes, nous continuerons donc à utiliser, pour la simplification, les qualificatifs Gauche et Droit.

D'après cette théorie, chacun d'entre nous possède

-un cerveau cortical gauche
-un cerveau cortical droit
-un cerveau limbique gauche
-un cerveau limbique droit

L'expérience montrant que, selon notre façon de nous comporter, de penser, d'apprendre et de communiquer, nous privilégions l'un ou l'autre de ces canaux.

L'outil permettra à l'enseignant ou au formateur qui l'utilise de découvrir le canal cérébral préférentiel des apprenants qui lui sont confiés.

Etes-vous cerveau droit (CD) ou cerveau gauche (CG) ? Un test amusant que l'on trouve sur internet est censé vous l'apprendre : the spinning dancer ou test de la danseuse.

http://rene.clementi.free.fr/archives/test_danseuse/danseuse.html

http://youtube.com/watch?v=s5GDhQFwdRA

● Caractéristiques des hémisphères

Le cerveau cortical gauche est celui des esprits rationnels matheux et scientifiques, le cerveau cortical droit plutôt celui des rationnels créatifs (comme les architectes)

Le cerveau limbique gauche est privilégié par les personnes organisées et rationnelles (financiers et comptables), alors que le limbique droit est utilisé préférentiellement par les communicants, les artistes et ceux qui sont à l'aise en société.

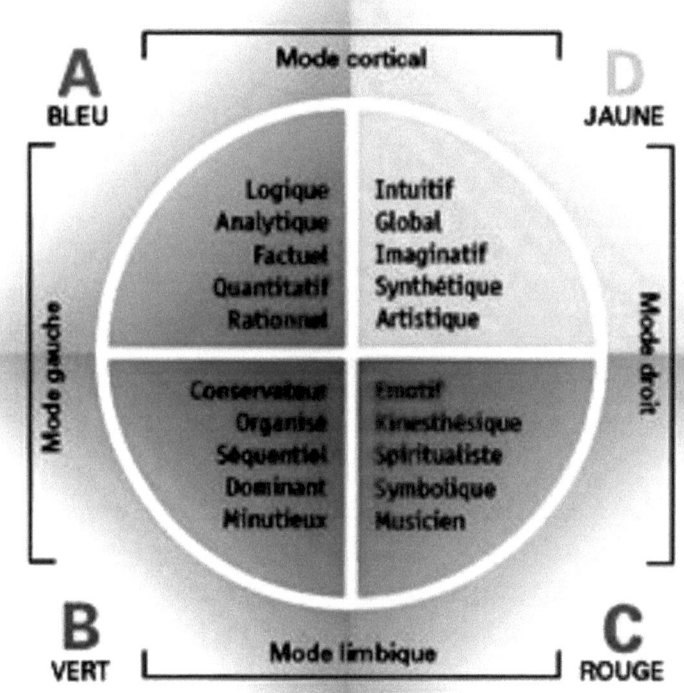

En transposant ces caractéristiques générales à des individus, la méthode donne d'excellents résultats en formation, en orientation scolaire ou profession- nelle comme en développement personnel.

➤ AUTRES RESSOURCES ET LIENS

Utiliser tout son cerveau, Dominique Chalvin, ESF
Deux cerveaux pour apprendre, L. Williams, Ed.
d'Organisation
Deux cerveaux pour la classe, Marie Joseph Chalvin,
Nathan
Cerveau droit cerveau gauche, Pr L. Israël, Plon
Cerveau gauche ou cerveau droit ?, Charles Phillips,
Marabout
http://test.psychologies.com/etes-vous-cerveau-droit-ou-cerveau-gauche
http://cerveaudroit.ouvaton.org/
http://jjblain.pagesperso-orange.fr/cbfiches02/a14cerveaudroit/cerveaudroit.htm
http://www.ecolechezvous.com/test1.htm
http://fr.sommer-sommer.com/test-de-cerveau/
http://www.lectureactive.fr/cerveau-gauche-cerveau-droit/

2-5 La gestion mentale

La **gestion mentale** est un processus assez simple dont beaucoup d'enseignants font l'éloge mais que peu, brûlant les étapes mentales de l'apprentissage, mettent réellement en pratique dans leur pédagogie.

Le père de la gestion mentale est Antoine de la Garanderie. Sa théorie est simple mais réclame organisation, patience et rigueur de l'enseignant.

Quand l'enseigné joue le jeu, en particulier si le climat de confiance est établi et s'il ne brûle pas les étapes, les résultats peuvent être spectaculaires

" Rien n'est aussi difficile à apercevoir, souvent, que ce qui devrait nous crever les yeux ! "
Cette citation de Théodore de Chardin dans "Le phénomène humain" s'applique parfaitement à la gestion mentale.

Ainsi pour de la Garanderie les gestes mentaux pédagogiques sont :

-le **geste de l'attention** par lequel le message pédagogique parvient à l'enseigné *ce qui présuppose que le sujet est mis et se met en disposition d'attention*

-le **geste de la réflexion** par lequel il est assimilé et devient utilisable sur le moment *il suppose un effort parfois intense de la part du sujet*

-le **geste de la mémorisation** qui le rend utilisable à l'avenir (sur le long terme)

Quoi de plus simple finalement que le découpage en ces trois phases de sa théorie sur l'apprentissage ?

Nous avons cité Théodore de Chardin mais nous aurions pu citer tout aussi bien La Palice... tant le découpage annoncé devrait être une évidence criante pour tout enseignant un tant soit peu expérimenté !

Le mode sensoriel propre à chaque apprenant, dont nous avons parlé précédemment (§ 2-3), prend toute son importance dans la mise en oeuvre des trois gestes (fonda)mentaux.

Encore une fois et ne l'oublions pas, si la théorie une fois assimilée, parait simpliste, sa mise en oeuvre et le succès en découlant réclament, comme dit plus haut, organisation, patience (surtout avec certains élèves...) et une grande rigueur !

Antoine de la Garanderie, un des rares spécialistes français en méthodologie cognitive, est décédé en 2010.

Ses travaux ont depuis quelques années un grand impact grâce aux résultats obtenus, en particulier auprès des élèves en difficulté. Devant les résultats encourageants, plusieurs formateurs ont repris le flambeau.

> **RESSOURCES** :

Les ouvrages d'Antoine de la Garanderie, dont :

-Les profils pédagogiques, Centurion
-Pédagogie des moyens d'apprendre, Centurion
-Le dialogue pédagogique avec l'élève, Centurion
-Comprendre et imaginer, Centurion

Et aussi :

-Développez l'intelligence de votre enfant par la méthode La Garanderie, Françoise Brissard, Ed. du Rocher
-Centre de Recherche en Gestion Mentale
http://www.crgm.fr/

-Blog de gestion mentale
http://www.gestionmentale.info/

-interview d'Armelle Genivet
http://www.youtube.com/watch?v=WvUUy5b8JCA
*http://www.uneecoledevie.org/index.php?option=com_*
hwdvideoshare&task=viewvideo&Itemid=35&video_id=
1

2-6 La pensée parallèle

La pensée parallèle ou pensée latérale nous invite à **penser autrement**.

Le concept de pensée latérale, dont les terme et méthode sont dus au docteur **Edward de Bono**, complète la pensée classique à la fois rationnelle et linéaire, non que celle-ci soit fausse ou inefficace, mais parce qu'elle rencontre des limites chaque fois que nous nous trouvons dans des situations non "standardisées".

Changement, mouvement, crise, incertitude, innovation, création de produits ou d'activités, management des connaissances, stratégie nécessitent souvent de mettre en œuvre autre chose que la pensée purement logique et incitent à prendre des chemins de traverse.

Dans la pensée latérale une place importante est laissée à l'intuitif.

Cela ne signifie pas évidemment que la logique disparait mais le rationnel n'est plus forcément au premier plan.

Ce n'est pas lui le moteur de la réflexion. Il n'est là que comme moyen de contrôle.

La pensée parallèle est une base essentielle de la créativité. Elle permet de faire le lien entre des évènements paraissant ne rien avoir en commun.

Les chemins de traverse ont ainsi une importance primordiale dans la découverte d'une solution.

Le raisonnement par l'absurde ou apagogie est un premier exemple de pensée parallèle. S'il est très utile en mathématiques, il peut l'être aussi dans tout autre domaine.

Dans ce type de raisonnement, on démontre la vérité d'une proposition en prouvant l'impos-sibilité ou l'absurdité de la proposition contraire.

Ainsi, en supposant le contraire de la proposition énoncée, on montre que les conséquences qui en découlent ne sont pas possibles.

Par exemple on veut montrer que A entraine B. Si l'on montre que le fait que A n'entraine pas B a des conséquences impossibles ou absurdes c'est que A entraine forcément B.

Dans un tel cas la pensée parallèle est au premier plan et la pensée logique vient la compléter.

➢ EN PRATIQUE

Un exemple simple de raisonnement apagogique : nous devons démontrer que "dans un plan deux droites distinctes D1 et D2 parallèles à une même troisième D sont parallèles entre elles".

Supposons qu'elles ne le soient pas. Alors elles se couperaient forcément en un point O. Mais alors, par le seul point O on aurait tracé deux parallèles à

D, ce qui dans la géométrie euclidienne est impossible ! En conclusion D1 et D2 ne peuvent avoir un point en commun et en conséquence elles sont parallèles.

En dehors du raisonnement par l'absurde, la pensée latérale aide à observer la situation sous différents angles afin de découvrir de nouvelles options ou solutions.

Elle est à la base de la créativité et de raisonnements innovants eux-mêmes créateurs de solutions.

Lorsque l'on est dans une impasse et que le raisonnement logique habituel ne semble donner aucun résltat, alors il vous faut penser "parallèle".

Apprendre à raisonner autrement demande un entrainement qui nécessite l'acceptation de ne pas raisonner de la façon habituelle en utilisant des chemins de traverse.

Surtout ne croyez pas que la pensée latérale est l'apanage des gens super intelligents !

Etre intelligent et malin, c'est d'ailleurs différent. Les forts en thème ou les cadors en maths ont en général la plus grande difficulté à s'écarter des sentiers du rationnel qu'ils empruntent habituellement.

De Bono va jusqu'à parler même du "piège de l'intelligence" pour expliquer la difficulté des gens très intelligents à réfléchir autrement. Ce qui signifie en clair que les gens très intelligents ne font pas toujours preuve d'une ouverture d'esprit suffisante !

Voulez-vous quelques exemples pratiques illustrant la pensée latérale ?

On la rencontre dans les jeux de mots, les calembours et les rébus.

En ce qui concerne les calembours l'humoriste Pierre Dac était un champion : "Si l'avocat n'est pas cru, le prévenu est cuit !"

Un rébus réclame plus d'astuce que d'intelligence :

ainsi ci-après une représentation sur trois lignes et sous forme de rébus de la phrase "la méthodologie pédagogique".

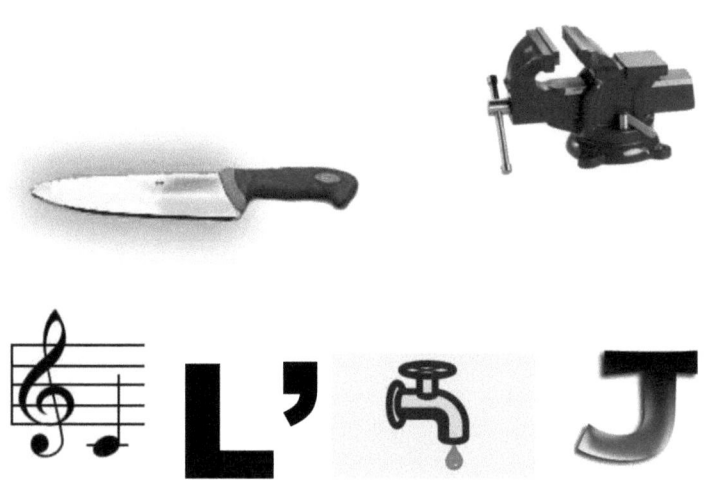

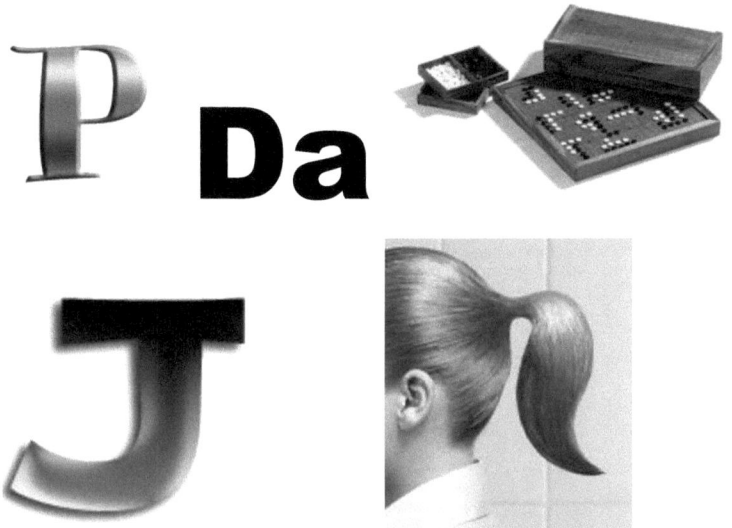

Nos élèves aussi sont capables d'utiliser la pensée latérale. Pour preuve les réponses suivantes données en classe de CM1 :

« Dans la phrase 'Le voleur a volé les pommes', où est le sujet ? Réponse : 'En prison'

Le futur du verbe 'je baille' est ? Réponse : 'je dors' »

Autres exemples illustrant le penser autrement (visiter les sites) :

-sur pensée-logique et pensée-latérale : *http://louisfournier.com/penseelaterale/index.html*

-sur un test pré-scolaire : *http://fr.slideshare.net/lawgri/test-prscolaire-202363*

-astuce manuelle : le sac en plastique hermétique à partir d'une bouteille d'eau minérale : c'est pas de

la créativité ça ??
http://louisfournier.com/sacplastique/index.html

Oserons-nous dire que la logique cartésienne qui berce la pensée française depuis si longtemps, et donc aussi son système éducatif, tend à étouffer la pensée parallèle (pensée de l'astuce et de la créativité) ? Poser la question, c'est un peu y répondre...

Ce dont nous pouvons être sûrs c'est que les deux pensées sont complémentaires, l'une donnant sa pleine mesure quand la première se révèle impuissante.

Un bon exemple est celui du chercheur scientifique : si pour lui la logique est essentielle, la pensée parallèle lui est également nécessaire (montage astucieux du matériel d'une expérience nouvelle en biochimie, interprétation de résultats imprévisibles donnant lieu parfois à découvertes).

Pensée logique et pensée latérale sont assurément complémentaires.

➤ **RESSOURCES ET LIENS**

-Réfléchir mieux, Edward de Bono, Editions d'Organisation
-Les six chapeaux de la réflexion Edward de Bono, Eyrolles, 2005
-La boite à outils de la créativité, Edward de Bono, Ed. d'Organisation (2004)
-Pensez comme Léonard de Vinci : Soyez créatif et imaginatif, Gelb, Michael J., Éditions de l'Homme, Canada, 1999

-L'erreur de Descartes, Antonio R Damasio, M. Blanc, Poche, 2010

http://mapage.noos.fr/plegarrec/creativite.html
http://creativite.net/techniques-de-creativite/
http://www.journaldunet.com/management/0703/07031
77-conseils-creativite.shtml
http://crea-france.fr/
http://www.creativite.net/pensee-laterale-edward-de-
bono-video/

Edward de Bono

2-7 La carte heuristique ou mentale

Qu'on l'appelle **carte mentale ou heuristique**, voilà bien un outil révolutionnaire dans le domaine de l'enseignement !

Et il est même redoutablement efficace.

Utilisée depuis des années dans les pays anglo-saxons, la carte mentale est d'un usage récent en France. Comme si nous méfiions de tout ce qui est nouveau...

Le **"mind mapping"**, inventé dans les années 1970 par le psychologue anglais Tony Buzan, consiste à coucher ses idées sur le papier au fur et à mesure qu'elles émergent et à les relier entre elles comme on tracerait une carte.

L'outil gagne peu à peu ses lettres de noblesse dans le monde de l'éducation.

Outil complet, son principal intérêt est qu'il réunit l'analyse et la synthèse !

Autrement dit, l'hypothèse (analyse des données) et la conclusion (synthèse des mêmes données) sont réunies sur le même schéma.

Révolutionnaire !

L'utilisation de la carte mentale, heuristique, ou encore mind map, permet d'analyser rapidement une situation ou un problème.

La carte une fois établie, la synthèse apparait souvent d'elle-même très rapidement.

Quand plusieurs solutions apparaissent, l'étude comparative des avantages et des inconvénients de chacune d'elles nous permet de choisir la meilleure !

Pour penser et se souvenir, le cerveau ne fonctionne pas de façon linéaire mais dans plusieurs directions à la fois.

Il est capable de fonctionner même dans de nombreuses directions en même temps ou presque en même temps : on dit qu'il irradie.

Tony Buzan a ainsi inventé le concept de **pensée irradiante**.

Outre le secteur de l'enseignement, la carte mentale est utilisée avec profit dans l'orientation scolaire ou professionnelle.

Elle est utilisée aussi comme outil de brainstorming ou remue-méninges.

Elle est alors un outil idéal à la base de la **créativité rationnelle.**

C'est aussi un complément éventuel de la pensée parallèle vue précédemment.

Pour ceux qui utilisent fréquemment l'outil informatique comme je le fais moi-même, il existe des logiciels de mind mapping très au point dont certains gratuits.

Après quelques tâtonnements, vous vous y ferez vite et vous ne pourrez alors plus vous en passer... Voir les liens plus bas.

➤ UTILISATION PRATIQUE

On utilisera les cartes heuristiques pour :

-prendre des notes avec un gain de temps considérable
-mettre de l'ordre dans ses idées (plans détaillés <u>de dissertations par exemple)</u>
-faire du brainstorming seul ou en groupe de travail, c'est à dire découvrir par pensée irradiante de multiples et nouvelles idées
-une aide à la décision en pesant le pour et le contre

Un exemple pratique : vous avez un poste à pourvoir dans une entreprise et vous avez deux candidats qui vous intéressent particulièrement, lequel choisir ?

Autre exemple : les différences entre cerveau gauche et cerveau droit (voir schéma ci-dessous)

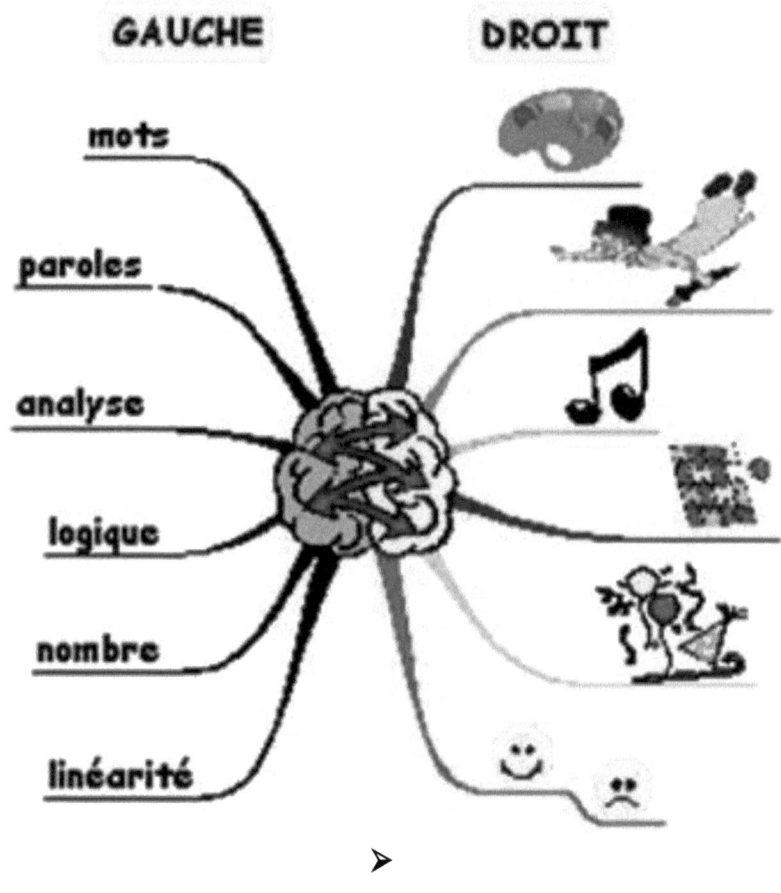

RESSOURCES ET LIENS

-Muscler son cerveau avec le Mind Mapping, Tony Buzan, Eyrolles
-Organisez vos idées avec le Mind Mapping, Deladrière, Dunod
-La boite à outils de la créativité, E. de Bono, Ed. d'Organisation

liens internet :
http://www.creativite.net/mindmap-schema-heuristique-topogramme-9/
http://svtcol.free.fr/spip.php?article362
http://www.ebsi.umontreal.ca/jetrouve/projet/cartes_m/mental_1.htm
http://knol.google.com/k/carte-mentale-mind-maps#

vidéos :
http://www.dailymotion.com/video/xcz7hz_carte-mentale-finlande_school
http://www.dailymotion.com/video/xh7sxy_formation-mind-mapping_school

2-8 Les profils d'apprentissage

Nombreux ont été et sont les auteurs qui ont établi des **profils de personnalité** permettant de classifier nos semblables.

On rencontre ainsi, pour ne parler que des plus fiables, les classifications basées sur :

   -les 4 tempéraments hyppocratiques (bilieux, nerveux, sanguin, lymphatique)
   -les 4 groupes sanguins (mais oui...)

-l'organisation cérébrale (voir chapitre 2-4)

-les 8 types de la typologie Heymans-Le Senne (Passionné, Colérique, Sentimental, Nerveux, Flegmatique, Sanguin, Apathique, Amorphe)

-celle de Jung et ses 8 types caractérologiques

-la PNL avec ses 3 systèmes de représentation sensorielle

-l'analyse transactionnelle et les 3 états du Moi (Parent, Adulte, Enfant).

Ces classifications ont le mérite d'être générales et s'appliquent à tous les milieux.

Appliquées au milieu qui intéresse cet ouvrage, celui de la formation et de l'éducation, on trouve une concordance certaine entre les résultats obtenus par l'une ou l'autre.

Ainsi leur utilisation à tour de rôle (du moins pour ce qui est des cinq dernières énoncées ci-dessus) dans l'étude de la personnalité d'un même individu nous a donné sensiblement les mêmes résultats. Prouvant donc leur justesse et leur intérêt.

Nous nous garderons cependant d'affirmer qu'une classification par profils est la panacée.

Cependant elle aidera le formateur à mettre en place une pédagogie adaptée à l'apprenant.

Ce qui est sûr, c'est que pour être efficace, la méthode de typologie choisie devra être au préalable bien maîtrisée par son utilisateur.

La typologie de J-F Michel, enseignant formateur, a été décrite dans son ouvrage "Les 7 profils d'apprentissage".

Elle vient ainsi s'ajouter aux précédentes. Son principal intérêt est qu'elle concerne de façon spécifique le milieu de l'apprentissage.

L'utilisation par le formateur de la présente classification en sera grandement facilitée.

Pour distinguer les apprenants les critères énoncés par JF Michel sont au nombre de trois :

- -l'identité
- -la motivation
- -la compréhension

Ces critères permettent alors la classification des apprenants dans les 7 profils suivants :

1. l'intellectuel
2. le dynamique
3. l'aimable
4. le perfectionniste
5. l'émotionnel
6. l'enthousiaste
7. le rebelle

➢ **POUR QUE CA MARCHE**

-Le formateur devra également déterminer son propre profil avant d'essayer de découvrir celui des élèves
-Comme en PNL, il devra se "brancher" sur leur profil quand il l'aura déterminé
-La seule connaissance des profils ne suffit pas à mettre en place une méthodologie pédagogique. Ce n'est qu'un élément parmi d'autres...

➤ <u>QUELQUES RESSOURCES ET LIENS</u>

-Les secrets de votre groupe sanguin, J.L. Degaudenzi, Filipacchi

-La Programmation Neuro-Linguistique, Cayrol et Barrère, ESF

-La Programmation Neuro-Linguistique, Outils pour la classe, Lépineaux, Soleihac, Zerah, Nathan pédagogie

-Les types de personnalité, Cauvin et Cailloux, ESF

-L'Ennéagramme les 9 types de personnalité, de Lassus, Marabout

-Les 7 profils d'apprentissage, J-F Michel, Editions d'Organisation

-L'Analyse Transactionnelle, une méthode pour mieux se connaitre et mieux communiquer, R. de Lassus, Marabout

-Types Psychologiques, Carl Gustav Jung, Albin Michel

-Apprendre à penser, une issue à l'échec scolaire, Debray, Eshel

http://www.visionsanteideale.org/?page_id=1346
http://francois.muller.free.fr/diversifier/profilsappre
ntissage.htm
http://crl.univ-
lille3.fr/apprendre/profil_apprentissage.html
http://www.apprendreaapprendre.com/reussite_sco
laire/echec_scolaire/7_profils_apprentissage.php
http://www2.cndp.fr/archivage/valid/43289/43289-
7668-7644.pdf (méthode Feuerstein contre l'échec
scolaire)

2-9 L'encouragement et la pédagogie positive

Une expérience de trente ans au service des jeunes comme enseignant, entraineur sportif scolaire et chef d'établissement nous a amené à découvrir puis à lutter contre un défaut fonda-mental qui nous parait être une véritable tare du système d'éducation français.

Comme souvent, le défaut est si criant qu'il passe inaperçu aux yeux de beaucoup.

Pis, ceux qui le dénoncent sont peu nombreux et surtout ne le font pas avec une vigueur suffisante pour pouvoir espérer changer les choses...

Quel est-il ce défaut si nuisible que j'ose parler de tare ?

Le plus simple pour le découvrir est de revenir à la fable de la bouteille d'eau remplie à moitié.

Si vous demandez autour de vous de la caractériser, pour les uns elle est à moitié vide. Pour les autres elle est à moitié pleine.

Qui a raison ? Les deux points de vue sont en réalité vrais.

Prenons un autre exemple plus proche de notre sujet. Ludo a la note 10 sur 20 à son devoir de maths.

Il y a deux façons pour lui et pour l'enseignant d'interpréter sa note.

Soit on se concentre en priorité sur les questions qu'il n'a pas su résoudre, donc sur ce qu'il n'a pas fait : "il a à peine 10 !".

Soit on considère avant tout ce qu'il a su résoudre: "il en a quand même fait une bonne moitié"

Un troisième exemple : Lila a eu ses résultats trimestriels de français : au 1er trimestre sa moyenne était 4, au 2nd elle est 8 !

Là encore deux façons d'interpréter les résultats.

Selon l'enseignant elle s'entendra dire : "C'est à peine médiocre... et loin d'être satisfaisant" ou alors, mais ce sera plus rare : "C'est bien ! tu as doublé ta note du premier trimestre, c'est encourageant... continue à progresser : la moyenne est à portée de la main !"

Dans ces trois exemples, la première façon de réagir est avant tout critique et se veut "réaliste" en dénonçant ce qui ne va pas, on note tout ce qui n'a pas été réalisé, on insiste sur les insuffisances donc sur le négatif.

L'autre façon de voir les choses est très différente : on note l'acquis, on observe avant tout ce qui a été bien compris, ce qui a été réalisé, on met l'accent sur les progrès accomplis. On encourage.

Nous venons de rencontrer les deux façons de réagir à un résultat scolaire.

La première est la façon de réagir habituelle d'un enseignant dans notre système éducatif.

Sa façon d'interpréter et de noter est avant tout **critique**.

Elle correspond à notre état d'esprit national. Il est généralement reconnu en effet que les français sont introvertis, critiques et pessimistes. Tout le contraire des américains.

La pédagogie critique met en évidence l'échec : on peut parler de **pédagogie de l'échec**.

La seconde, rare dans l'hexagone, du moins dans le milieu éducatif, est celle d'un enseignant adepte de l'encouragement.

L'encouragement est la base de la **pédagogique positive**.

L'expérience nous a montré que la pédagogie critique, qui se veut pourtant constructive (il faut parait-il démolir avant de reconstruire) est en général perçue par le réceptionnaire comme :

-anesthésiante
-voire paralysante
-démotivante
-décourageante

Elle manque donc complètement le but initial, pavé pourtant d'une bonne intention, qui était de décrire les erreurs afin de mieux surmonter l'échec.

La pédagogie positive met en évidence les succès avant de parler des erreurs. La démarche est très différente et le réceptionnaire la perçoit tout autrement que la précédente. Elle lui parait :

-rassurante
-motivante
-encourageante
-valorisante
-source de progrès

Cette façon de réagir est également enrichissante pour vous-même.

En effet, quelle que soit la discipline que vous enseignez, vous préférerez probablement travailler avec un élève qui, encouragé par des succès même légers mais reconnus, se lance "avec entrain" dans une tâche qui ne lui parait plus insurmontable.

La mise en évidence des succès, quand elle est structurée, est le fondement de ce que nous appelons **méthode pédagogique positive.**

La mise en oeuvre préalable de la méthode réclame l'acceptation de mettre en évidence les succès même partiels.

Dans un second temps, elle examine les non-succès ou tentatives non abouties qu'elle envisage de transformer en réussites. Elle permet donc de progresser.

Au fond, rien n'est nouveau sous le soleil : excusez la comparaison mais c'est, en partie en tout cas, la méthode du dresseur (chiens, chevaux, orques ou fauves). Quand l'animal a réalisé ce que l'on attendait de lui, il est remercié par une caresse, un baiser ou de la nourriture.

Dans le cas d'un apprenant, il est normal si on veut le voir progresser, de l'encourager. Comment se fait-il qu'on ne l'ait pas compris ?

La récompense peut être une note adaptée qui tienne compte de la bonne volonté et des progrès réalisés plutôt que du seul résultat obtenu.

Sans vouloir jouer les nostalgiques, rappelons-nous les antiques distributions de prix des fins d'années scolaires.

Elles ont eu de l'importance jusque dans les années 1965-70. Il y en avait pour tous les goûts : prix d'excellence et prix d'honneur bien sûr, prix et accessits dans chaque discipline, mais aussi prix du meilleur camarade et même prix de bonne volonté dans certains établissements.

Je ne suis pas sûr que leur disparition ait été vraiment une avancée.

2-10 L'outil audiovisuel

C'est dans les années 1960-70 que l'audiovisuel a véritablement pris son essor dans le système éducatif français.

Jusque là, en dehors du tableau noir, seuls la radio, le phonographe et le magnétophone **à bandes** étaient utilisés à dose homéopathique en cours de musique principalement.

Eventuellement avait aussi droit de cité à l'école et avec parcimonie le projecteur de diapositives.

Son utilisation se faisait d'ailleurs dans le noir, provoquant souvent quelques légers problèmes de discipline ou perçus comme tels tant ils étaient minimes comparés à ceux des temps actuels.

Le film n'était utilisé jusque là que comme support de l'histoire cinématographique. Pas comme un instrument didactique.

Le **film court** muet fit ensuite une timide apparition, permettant de visionner certains phénomè-
nes scientifiques et expéri-
mentaux qui ne pouvaient
pas être réalisés au collège
ou au lycée.

On l'utilisa principalement
dans les disciplines expéri-
mentales. Ce fut aussi un
support pour les cours d'histoire et de géographie.

La **caméra de film super-huit ou S8** vint ensuite,
apportant alors une plus grande sou-plesse ainsi
que le mouvement et le son.

La **télévision**, grâce à certaines émissions de
vulgarisation scientifique (Planète Bleue) ou de
reportages (5 Colonnes à la Une) fit ensuite une
vivante apparition dans le milieu scolaire.

Rapidement le **magnétoscope** permit la vision de
cassettes et l'enregistrement des émissions.

Les **lecteurs-enregistreurs de CD et de DVD**
sont venus compléter puis supplantent à présent le
magnétoscope. Avantage : le matériel est moins
volumineux, plus robuste ; le disque peut contenir
beaucoup plus de données que la cassette VHS. La
technique est en pleine évolution avec l'apparition
de nouveaux supports comme le Blu-ray. Combien
de temps tiendront-ils ?

Le **rétroprojecteur** fit une percée remarquée à
l'époque 1970, avec l'avantage de pouvoir être
utilisé en plein jour, le professeur faisant même face
à ses élèves.

L'appareil est toujours utilisé, en complément du tableau noir ou à la place de celui-ci. Le transparent projeté est en général exécuté par l'enseignant lui-même. Il peut d'ailleurs être réalisé en partie ou en totalité par photocopie.

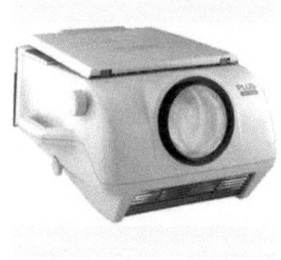

Si l'outil est utilisé de nos jours plus souvent en formation d'adultes que dans une classe de collégiens, il est pourtant un excellent moyen de rappeler le plan d'un cours, ou pour donner des exemples reproduits sur transparent. Il illustre une leçon quelle que soit la discipline enseignée.

Permettant à la discussion de s'instaurer dans un groupe, c'est aussi un excellent outil de synthèse ou de conclusion à l'issue d'une séance de formation.

Il peut également être un auxiliaire précieux comme je l'ai expérimenté lors de séances de révision face aux élèves.

L'**épiscope** a l'avantage sur le rétroprojecteur de pouvoir projeter sur un écran une page de livre ou

un objet ayant une certaine épaisseur sans passer par le transparent.

Le support n'est pas comme dans le cas précédent le fruit du travail de l'enseignant. La durée de la prépa-ration du support est donc nulle.

L'appareillage est pourtant assez peu utilisé de nos jours. On peut en effet lui reprocher le grand dégage-ment de chaleur dû à la puissance des lampes qui sont utilisées (1000w) : si l'on n'y prend pas assez garde, l'importante chaleur dégagée par l'appareil peut endommager le support projeté fragile.

Les appareils que nous venons de décrire ont su évoluer avec le temps. Grâce à cette évolution, la plupart sont toujours utilisés.

Une avancée importante a eu lieu ces dernières années dans le domaine audiovisuel scolaire avec le développement des techniques de communi-cation.

Il existe à présent une solution complète centrée sur le TBI ou **Tableau Blanc Interactif**.

Remplaçant peu à peu les matériels précédents, la solution permet l'utilisation ensemble ou séparé-ment d'appareils simples et légers : le **micro-visualiseur de documents** et l'**ardoise numéri-que**.

Les documents et graphiques stockés sur un ordinateur portable sont envoyés sur le TBI relié à ce dernier.

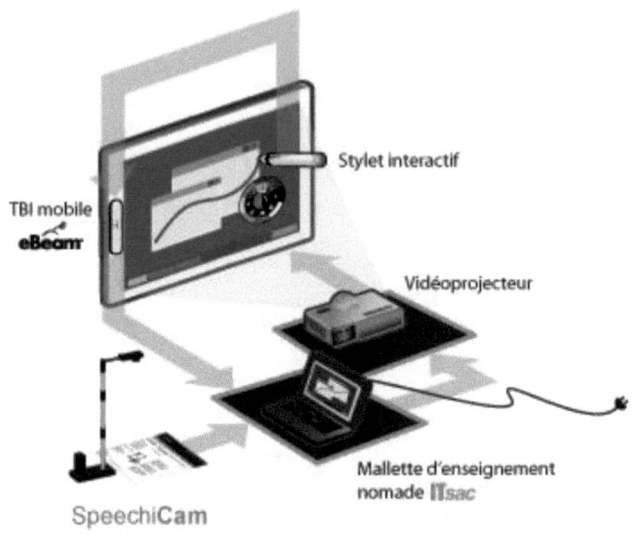

fonctionnement du TBI micro-visualiseur

Un prêt par la société fabricante est possible : pour plus d'informations voir *http://www.speechi.net/fr/index.php/home/tbi/pret-tableau-interactif/*

Même si elle réclame réflexion, timing et préparation, l'utilisation de l'un ou de plusieurs de ces outils audiovisuels permet non seulement de rendre un cours "vivant" (les élèves savent s'en charger...), mais d'illustrer par des images, avec son ou non, des propos qui, sans cet appui, sont abstraits et ennuyeux donc peu efficaces.

Durant les cinquante dernières années, le progrès technologique a donc grandement contribué à l'évolution de la transmission du savoir et du savoir-faire.

Cela à l'école comme dans notre société toute entière.

Il ne faudrait surtout pas oublier d'en tenir compte dans la mise au point d'une méthodologie pédagogique adaptée à notre époque.

➤ **POUR QUE CA MARCHE**

Certaines conditions sont indispensables lors de l'utilisation de matériel audiovisuel :

-il faut connaître un minimum de technique, afin de ne pas tomber en rade... Savoir changer une lampe de rétroprojecteur, débloquer un panier de diapos, détecter un fil défaillant. Dominer le matériel que l'on utilise et le maintenir en parfait état de marche. Faute de quoi, le cours se transformera en récréation bruyante, le chahut s'installera et la réputation du prof sera bien entamée

-l'utilisation de l'audiovisuel dans une séance pédagogique réclame un découpage minutieux et minuté.

Supposons que nous disposions de 50mn. On pourra procéder ainsi :

1°) présentation théorique des faits # 15 mn
2°) partie audio visuelle (durée totale avec la mise en route et quelques explications orales de l'enseignant # 25 mn)
3°) bilan de la projection (# 10 mn)

-le matériel audiovisuel doit être au service du contenu du cours et non l'inverse... autrement dit ne devenez pas "accro" au matériel dont vous disposez.

➢ **EXEMPLE PRATIQUE**

Prenons le cas d'un cours de chimie générale sur la pile Daniell :

1°) on parle (5 mn) des ions métalliques en donnant quelques exemples d'ions $Zn++$ et $Cu++$

2°) une projection montre ce qui se passe dans les compartiments de la pile (une tige de Zn dans une solution de sulfate de zinc et une tige de Cu dans une solution de sulfate de cuivre). On observe, on explique : 20 mn

3°) bilan : pendant 15 mn on généralise à d'autres métaux et l'on découvre ainsi le phénomène d'oxydo-réduction

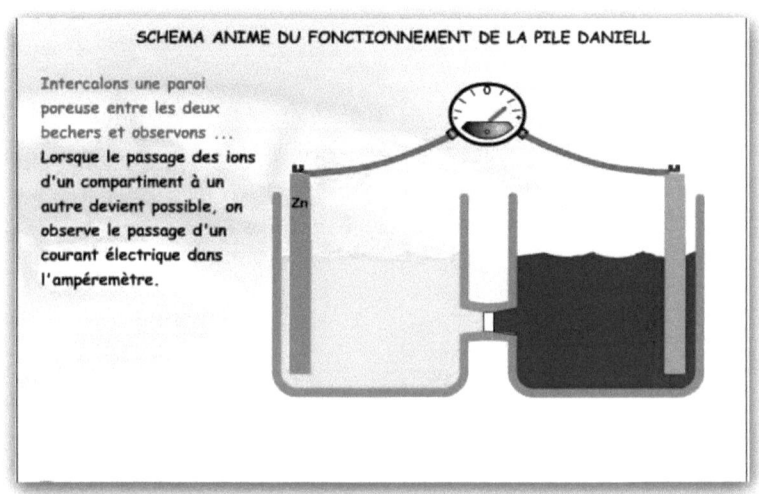

source empruntée au site de l'université-en-ligne

Pour voir l'animation de la pile Daniell ci-dessus visiter le lien :

http://www.uel.education.fr/consultation/presentation/p resent/maquette/exemples_uel/module_ex/apprendre/ chimie/ex2/titre9.htm

➤ REFLEXIONS - RESSOURCES – LIENS

http://www.cetec-info.org/JLMichel/Reflexion.NTE81.html
http://cratice.univ-pau.fr/live/
http://www.ina.fr/

-la documentation audiovisuelle
http://bbf.enssib.fr/consulter/bbf-1981-04-0195-001

-usage du TBI dans l'enseignement (video)
http://www.youtube.com/watch?v=adAkD6QG3DA&feature=fvwrel
http://www.youtube.com/watch?v=PCEmrmcoXjM&feature=related
http://crdp.ac-besancon.fr/index.php?id=1430

2-11 L'outil informatique

La **micro-informatique** a commencé à prendre son essor dans le domaine de la formation et de l'enseignement à compter des années 1980.

L'implantation des ordinateurs et leur utilisation à des fins pédagogiques ont été très lentes et inégales. Il a fallu attendre une vingtaine d'années !

Cette lenteur est en due principalement :

• à la lenteur structurelle de l'institution scolaire

Rappelons en effet que, dans l'éducation nationale, le moindre changement demande une étude préalable, la mise au point d'un programme, son découpage par niveau, une transformation des horaires, un vote de crédits, la formation suivie de la nomination de nouveaux enseignants.

Bref, le processus réclame de 3 à 5 ans.

L'informatique étant une science récente et en perpétuelle évolution l'adaptation était difficile pour des enseignants peu habitués à évoluer et à s'adapter... excusez ma franchise, je sais de quoi je parle ayant fait partie du milieu

• au manque d'enthousiasme des professeurs

Ce manque d'enthousiasme est tout à fait compréhensible de la part d'un personnel sans aucune connaissance du domaine et qui se voyait mal abandonner ses habitudes de travail au profit d'un instrument qu'il ne connaissait pas.

Rappelons qu'il est beaucoup plus aisé d'acquérir un schéma mental nouveau que de défaire un schéma déjà en place pour le remplacer par un autre : dans le premier cas on construit directement sur un terrain neuf, dans le second l'on démolit et l'on reconstruit

• à une formation inadaptée

Cette formation a été inadaptée pour les deux dernières raisons précédentes en particulier.

Tournons-nous à présent vers le présent et l'avenir immédiat.

Dans l'institution scolaire l'informatique trouve à présent peu à peu sa place. Elle est au service de chaque discipline et donc de tout enseignant en charge de celle-ci.

Etant donné que chaque maître a des connaissances, une dextérité et un intérêt différents pour l'informatique, il n'est pas possible, ni souhaitable, d'imposer à tous le même degré d'importance dans l'utilisation de l'ordinateur.

L'intérêt de cette remarque est aussi de rappeler que chaque enseignant a la plus grande **liberté d'action pédagogique**.

Utiliser soi-même en classe l'informatique et la faire utiliser à ses élèves suppose évidemment que l'enseignant est à l'aise avec la technique de l'information et qu'il possède bien entendu lui-même à son domicile un ordinateur récent.

Afin de ne pas être dépassé par ses élèves, nous lui conseillons de suivre l'évolution, plus lente il est vrai depuis quelques années, de la technique et de s'y former. On trouve des sites internet permettant de s'autoformer gratuitement.

L'ordinateur remplace de plus en plus les ouvrages écrits.

Grâce aux moteurs de recherche, l'utilisateur aura accès à des connaissances fréquemment actualisées dans tous les domaines.

Il économisera ainsi beaucoup de temps, de fatigue et d'argent : l'information est à jour et immédiatement disponible pour qui sait utiliser les bons mots clé et le bon moteur de recherche.

Pour de nombreux internautes les ouvrages et les revues spécialisées sont devenus un lointain souvenir.

Le lecteur prudent devra simplement, cela ne sera pas toujours facile, vérifier que la source de ses informations est fiable et valable dans l'hexagone (attention en particulier aux écrits juridiques francophones qui peuvent intéresser spécifiquement la "Belle Province", la confédération helvétique, la Belgique, la principauté de Monaco ou bien la Côte d'Ivoire… mais pas notre pays).

Outre l'ordinateur lui-même, il pourra être utile de connaître des domaines annexes tels que :

   -l'imprimante multifonction (imprimante + scanner + fax)
   -la messagerie instantanée (Windows Live Messenger, Microsoft Messenger, Skype, Yahoo Messenger etc.) utilisable à partir d'un casque avec microphone coûtant quelques euros
   -le logiciel Powerpoint qui fait partie de la suite Microsoft Office
   -l'usage d'un logiciel de diaporama d'images ou slideshow (il en existe de gratuits)
   -un logiciel de capture d'écran qui permet de télécharger toute image qui parait sur votre ordinateur ; certains sont gratuits (Capturino), ou d'un prix abordable (Snap 7, Snagit, Screen Recorder)
   -l'utilisation d'une Webcam, en général intégrée à votre machine
   -la téléphonie VOIP de micro à micro, gratuite et fonctionnant à partir d'une simple clé USB
   -la téléphonie à partir d'une box ADSL ou fibre ; souvent gratuite, car comprise dans votre abonnement, elle permet de téléphoner dans le monde entier.

➢ **EN PRATIQUE**

●Pour visionner des photos, il est possible de brancher en direct un appareil photo sur la prise USB d'une Box ADSL et ainsi de profiter de la fonction diaporama sur votre téléviseur.

Il est possible aussi de brancher une clé USB contenant vos photos sur la Box.

●Lorsque vous créez un fichier Powerpoint, muet ou sonore, il est préférable de l'enregistrer sous la forme de présentation dont l'extension du fichier est .ppt ou .pptx, ou en diaporama à défilement manuel (surtout pas automatique) dont l'extension est .pps ou .ppsx : vous pourrez ainsi mieux adapter la vitesse du défilement des images à celle de vos explications.

●Nous donnons ci-après deux exemples de création simplifiée de diaporamas powerpoint que nous avons réalisés facilement avec des images obtenues au moyen d'un capteur d'écran gratuit

1°- pps sur le sac étanche :

http://louisfournier.com/sacplastiquepps/

nous avons réalisé ce pps à partir d'images du web, chacune de ces images est insérée ensuite dans une diapositive powerpoint. Le fichier de diapositives est ensuite visualisé et enregistré en diaporama manuel : pour passer d'une vue à la suivante, il suffit de cliquer sur la diapo visible à l'écran

vue de notre diaporama sur le sac étanche

2°- pps sur la pile Daniell animée :

http://louisfournier.com/piledaniell/index.html

Ici nous avons fait défiler l'animation flash présente sur le web

http://www.uel-pcsm.education.fr/consultation/reference/chimie/solutaque/apprendre/chapitre5bis/partie2/titre9.htm

puis au moyen du fichier gratuit de capture d'écran Capturino (il existe bien d'autres gratuiciels comme Capture Express ou ScreenHunter), nous avons copié les vues les plus significatives ; celles-ci ont été ensuite intégrées et enregistrées comme dans l'exemple précédent...

Il vous sera facile de réaliser vous aussi de telles présentations.

➤ LIENS ET REFERENCES

Une offre extraordinairement riche dans le domaine de la formation initiale ou professionnelle existe sur internet. La formation en ligne ou e-learning est parfois gratuite. Profitez-en et faites-en profiter vos élèves !

Voici ci-dessous quelques liens de formation diverse et gratuite :

-enseignement supérieur

http://moodle.org
http://pedagotheque.univ-lille1.fr/
http://moodle.univ-paris5.fr/course/view.php?id=1847
https://moodle.insa-toulouse.fr/
https://moodle.insa-rouen.fr/

-formation professionnelle

http://formationgratuite.com/
http://formation-gratuite.com/
http://formation-gratuite.com/formation-gratuite-secretaire-medicale.html
http://www.comptanoo.com/Formations/comptabilite/formation-compta-gratuite.asp
http://www.demowordexcel.info/index_excel.html
http://www.lecompagnon.info/

-formation initiale (enseignement général)

http://dtup.free.fr/ordidac/ logiciel gratuit de création de séquences d'apprentissage et d'évaluations multimédias
http://www.actualite-francaise.com/depeches/education-enseignement-

distance-gratuit,4560.html
http://www.academie-en-ligne.fr/
http://www.apiguide.net/05scienc/03enseig/03enseig.h
tm

-<u>logiciels d'enseignement</u>

http://www.tice.ac-
versailles.fr/logicielslibres/spip.php?article234
http://www.leconjugueur.com/
http://charlie.becart.free.fr/
http://www.cluzet.com/logiciel-enseignement-
superieur-c-4_165.html
http://science.physique.free.fr/softs/
http://www.francaisfacile.com/cours_francais/logiciels-
gratuits-d-enseignement-de-francais
http://educa.free.fr/
http://ressource.ordp.vsnet.ch/educatifs/intro_educ.ht
m

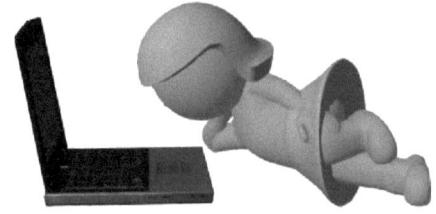

2-12 Le projet

Trop d'enseignants et de formateurs l'oublient : sans projet précis, le bilan pédagogique ne sera pas totalement atteint.

Il laissera alors un sentiment d'insatisfaction.

Quel que soit le libellé de la formation, quels qu'en soient sa nature (français, maths, marketing) et son niveau (I, II, III, IV) l'intervenant devra, nous l'avons dit à plusieurs reprises, tenir compte de la personnalité cognitive des apprenants, qu'ils soient élèves, étudiants ou stagiaires.

Il lui faudra composer le mieux possible avec tous les facteurs entrant en jeu lors de ses interventions. Ces principaux facteurs sont :

-les connaissances des apprenants
-leur profil cognitif
-la discipline théorique ou technique
-l'objet précis de la formation dispensée
-le niveau ou degré de difficulté à atteindre
-la durée totale de la formation
-la durée de chaque intervention ou séquence
-les outils pédagogiques à disposition
-le choix parmi ces derniers

A partir de cette analyse le formateur dressera son projet pédagogique de façon précise.

Le projet donnera lieu à un véritable plan d'action. Le plan adopté devra par la suite être suivi le plus scrupuleusement qu'il sera possible.

Des tranches de bilan intermédiaire seront programmées.

Ce plan d'action ou projet pédagogique général sera plus ou moins détaillé selon les intervenants.

Certains, ceux qui ont tendance à se laisser emporter par leur fougue (les littéraires purs), devront établir un plan très précis.

Malgré les difficultés à le suivre par la nature même de leur personnalité ils parviendront à leur but en forçant un peu leur caractère.

D'autres, en général plus expérimentés ou moins enthousiastes et plus rationnels de nature (les scientifiques) se contenteront d'établir un plan général de formation assez précis.

Il sera complété pour chaque séquence d'un plan succinct qui sera suffisant pour parvenir sans difficulté au but fixé au préalable.

III - CONCLUSION

Nous avons répertorié dans ce livret, que nous avons voulu pratique, les outils pédagogiques qui nous ont paru les plus efficaces et que nous avons personnellement utilisés.

Après avoir découvert vous-même ces outils, vous choisirez ceux qui vous semblent susceptibles de convenir.

Convenir à qui ?

A vos élèves, bien sûr. Pour eux n'ayez crainte : les outils décrits ont tous fait leurs preuves, ils leur conviendront.

Mais aussi à vous, le maître pédagogue chargé d'instruire, de guider et de faire réussir !

Tous les outils ne vous conviendront pas aussi bien.

Comment choisir ?

Vos connaissances, tant théoriques que pratiques, votre intérêt pour l'autoformation alliée à votre personnalité didactique, vos goûts personnels vous entraîneront à vous tourner vers certains outils plutôt que vers d'autres.

N'oubliez cependant pas que les outils pédagogiques choisis doivent convenir à la fois aux élèves et au professeur.

3-1 <u>CONSEILS PRATIQUES</u> la trousse à outils

Grâce à la trousse que vous aurez constituée, vous pourrez choisir selon les circonstances, selon le sujet et bien sûr selon les élèves, les outils les plus efficaces.

Un outil seul ne pouvant pas tout faire, à chaque fois, il vous faudra évidemment vous appuyer sur l'efficacité complémentaire de plusieurs d'entre eux et ce ne sera pas toujours forcément les mêmes.

Pour être complet, certains d'entre eux nous paraissent plus indispensables que d'autres à toute démarche pédagogique réussie, ce sont des **outils basiques.**

Ils sont quatre et vous ne pourrez pas vous en passer :

    -le mimétisme ou apprendre par l'exemple
    -l'attitude (niveau d'extraversion)

-l'encouragement
-l'informatique

A ces quatre outils basiques nous vous conseillons d'en ajouter deux ou trois complémentaires après vous être formé, même seul, à leur pratique.

Ils seront par exemple à choisir parmi :

-le mode sensoriel
-la gestion mentale
-la carte heuristique.

Vous possèderez ainsi dans votre trousse de cinq à sept outils et leur utilisation vous permettra de réaliser du bon travail.

Votre méthodologie une fois mise en place, il ne vous restera plus qu'à vous préoccuper de celle de vos élèves. Ce n'est pas une tâche facile.

Il va vous falloir les conseiller dans l'organisation de leur travail et dans leur recherche de l'état d'apprendre c'est-à-dire à la fois de comprendre, d'assimiler et de retenir.

Quelques ouvrages vous seront d'une aide précieuse à ce sujet.

Vos efforts seront récompensés par les résultats de vos élèves. La satisfaction personnelle que vous tirerez de leurs progrès et de leur succès vous rappellera que le métier d'enseignant, quand il est réussi, est bien l'un des plus beaux et des plus utiles métiers du monde.

3-2 __RESSOURCES (livres ou liens internet)__

- <u>sur le mimétisme</u>

Mensonge romantique et vérité romanesque (1961), René Girard, éd. Hachette, coll. Pluriel, 2003

- <u>sur l'encouragement ou la Méthode Pédagogique Positive</u>

extrait audio de L. Fournier : *http://louisfournier.com/pedagogiepositive/index.html*

- <u>sur l'informatique en pédagogie</u>

http://cartables.net/ressources/TIC/Informatique/Ecole/
http://www.epi.asso.fr/revue/55/b55p100.htm/

Informatique et nouvelles pratiques d'écriture, N. Marty, Nathan

- <u>sur le mode sensoriel</u>

Troubles de l'attention chez l'enfant : prise en charge psychologique Thomas, Vaz-Cerniglia, Willems – Masson

http://www.commentfaiton.com/fiche/voir/41400/comment-comprendre-le-langage-sensoriel-dominant
http://www.agrobiosciences.org/article.php3?id_article=2554

- <u>sur la carte mentale</u>

http://www.clionautes.org/spip.php?article688
http://www.creativite.net/mindmap-schema-heuristique-topogramme-9/

Muscler son cerveau avec le Mind Mapping, T. Buzan - Eyrolles

Organisez Vos Idees avec le Mind Mapping, Deladriere – Dunod

- <u>sur la méthodologie et l'organisation du travail des élèves</u>

Le guide pour apprendre à apprendre : Coach collège, Saltet et Giordan, éditions PlayBac

Apprendre à apprendre, Saltet et Giordan, Librio

COMPLEMENTS ET EXPLICATIFS

Comme vous vous en êtes probablement rendu compte à la lecture de cet opuscule, les références à l'informatique y sont très nombreuses.

L'avantage des liens du web est en effet que l'information, sans cesse renouvelée, est toujours à jour.

Même s'il faut se méfier de certains sites pas forcément crédibles, ce renouvellement informationnel est continu et particulièrement pratique dans une période où la quantité d'informations croît de façon exponentielle et où les dernières parues contredisent parfois les anciennes.

Ce n'est évidemment pas le cas quand on consulte des livres classiques. Les dates de parution déjà éloignées les tient à l'écart des dernières informations ou mises à jour.

Si vous avez acquis l'ouvrage papier, les liens seront recopiés avec soin dans votre navigateur.

Pour l'ouvrage numérique au format .pdf, il vous suffira de faire « CRTL + Clic Gauche » sur le lien web pour aboutir à l'information désirée.

Vous pouvez aussi, avec votre souris, faire un « copié » du lien internet suivi d'un « collé » dans votre navigateur.

Vous trouverez d'autres ouvrages numériques de l'auteur sur les sites suivants :

http://petit-prof.com

http://coachingscolaire.com

http://enseigner-a-domicile.com

"Car l'esprit n'est pas comme un vase qu'il ne faille que remplir.

À la façon du bois, il a plutôt besoin d'un aliment qui l'échauffe, qui fait naître en lui une impulsion inventive et l'entraîne avidement en direction de la vérité."

Plutarque

Ouvrage achevé d'imprimer août 2014